# MEDITACIÓN

Técnicas Para Mejorar El Sueño

(Espiritualidad Para Principiantes)

## Daryl Trejo

Publicado Por Daniel Heath

# © **Daryl Trejo**

**Todos los derechos reservados**

*Meditación: Técnicas Para Mejorar El Sueño (Espiritualidad Para Principiantes)*

ISBN

Este documento está orientado a proporcionar información exacta y confiable con respecto al tema y asunto que trata. La publicación se vende con la idea de que el editor no esté obligado a prestar contabilidad, permitida oficialmente, u otros servicios cualificados. Si se necesita asesoramiento, legal o profesional, debería solicitar a una persona con experiencia en la profesión.

Desde una Declaración de Principios aceptada y aprobada tanto por un comité de la American Bar Association (el Colegio de Abogados de Estados Unidos) como por un comité de editores y asociaciones.

No se permite la reproducción, duplicado o transmisión de cualquier parte de este documento en cualquier medio electrónico o formato impreso. Se prohíbe de forma estricta la grabación de esta publicación así como tampoco se permite cualquier almacenamiento de este documento sin permiso escrito del editor. Todos los derechos reservados.

Se establece que la información que contiene este documento es veraz y coherente, ya que cualquier responsabilidad, en términos de falta de atención o de otro tipo, por el uso o abuso de cualquier política, proceso o dirección contenida en este documento será responsabilidad exclusiva y absoluta del lector receptor. Bajo ninguna circunstancia se hará responsable o culpable de forma legal al editor por cualquier reparación, daños o pérdida monetaria debido a la información aquí contenida, ya sea de forma directa o indirectamente.

Los respectivos autores son propietarios de todos los derechos de autor que no están en posesión del editor.

La información aquí contenida se ofrece únicamente con fines informativos y, como tal, es universal. La presentación de la información se realiza sin contrato ni ningún tipo de garantía.

Las marcas registradas utilizadas son sin ningún tipo de consentimiento y la publicación de la marca registrada es sin el permiso o respaldo del propietario de esta. Todas las marcas registradas y demás marcas incluidas en este libro son solo para fines de aclaración y son propiedad de los mismos propietarios, no están afiliadas a este documento.

## TABLA DE CONTENIDO

Parte 1 .................................................................. 1

Introducción ......................................................... 2

Capítulo 1: La Necesidad De Meditaciones De 5 Minutos.... 6

Capítulo 2: El "Qué" De Las Meditaciones De 5 Minutos ... 16

Capítulo 3: Las Meditaciones De Cinco Minutos ................ 25

Capítulo 4: Consideraciones Importantes Durante La Meditación. ........................................................... 43

Conclusión ........................................................... 47

Parte 2 ................................................................ 49

Introducción ....................................................... 50

Capítulo 1: Los Fundamentos De La Meditación ............... 52

¿POR QUÉ DEBERÍAS APRENDER A MEDITAR? .............. 54
¿CUÁLES SON LOS BENEFICIOS DE LA MEDITACIÓN? ...... 57
¿CÓMO PUEDES EMPEZAR CON LA MEDITACIÓN? .......... 59
¿HAY DIFERENTES TIPOS DE MEDITACIÓN? ................. 63

Capítulo 2: Los Fundamentos De La Meditación Concentrativa ...................................................... 65

LA MEDITACIÓN CONCENTRATIVA Y EL CUERPO ............ 66
TUS PENSAMIENTOS Y EMOCIONES ............................. 69
AMBIENTE DE MEDITACIÓN ....................................... 71

Capítulo 3: Otros Tipos De Meditación ........................ 74

MEDITACIÓN A TRAVÉS DEL MOVIMIENTO. .................. 75
MEDITACIÓN A TRAVÉS DE LA AUTOEXPRESIÓN. ........... 78

Conclusión ........................................................... 80

**Parte 1**

# Introducción

¿Eres parte de esa tribu de personas a las que les resulta casi imposible sacar un poco de tiempo para la meditación simplemente porque hay muchas cosas "más importantes" en el lugar de trabajo que merecen más tiempo invaluable?
¿Tienes la ilusión de que la meditación implica ir a un monasterio y permanecer sentado durante largos períodos de tiempo en busca de la buscada "paz interior" que supuestamente es crucial para garantizar una vida de perfecta satisfacción y armonía?

Te equivocas si respondiste "sí" a las dos preguntas anteriores.
Hay tantas dolencias a las que nos hacemos vulnerables, ignorantes de los efectos negativos de esforzarnos demasiado para alcanzar nuestras metas. El "estrés crónico" del asesino silencioso moderno es el corredor principal entre ellos y no hay absolutamente mejor manera de combatirlo que usar el poder

sin paralelo de la meditación.

Pero, espera un minuto. ¿No hemos establecido firmemente la falta absoluta de tiempo cuando se trata de hacer algo como la meditación?

Permítanme primero desglosar esos establecimientos firmes.

El hecho de que hayas leído este libro significa que en algún lugar en el fondo sí quieres algo de la paz y la calma que se sabe que trae la meditación.
En este libro, aprenderá cómo solo se necesitan unos míseros 5 minutos al día (sí, solo cinco minutos) para cambiar el estado mental de nuestro cerebro de estresante a uno de gran paz y tranquilidad. Los efectos, por supuesto, son mucho más encantadores de lo que jamás hubiera imaginado. No solo estará libre de ese constante y molesto estrés, sino que también descubrirá que ha escapado al martillo de la susceptibilidad a enfermedades como la presión arterial, el

ataque cardíaco y el derrame cerebral.

También se regocijará en niveles más altos de creatividad y productividad una vez que se haya empapado positivamente de los beneficios de las meditaciones de 5 minutos de valor incalculable que discutiremos a lo largo de este libro. Verás que la calidad de tu sueño mejorará enormemente y estarás listo para enfrentarte al mundo con una mayor sensación de dinamismo.

Si alguna vez pensó que mejorar su trabajo significaba trabajar más duro, estaba equivocado. Realmente significa "trabajar de manera más inteligente" y esto es exactamente lo que este libro le ayudará a lograr. Al aprovechar el poder de estas meditaciones efectivas de cinco minutos, descubrirá que realmente tiene los niveles de concentración que se requieren para que pueda hacer el mismo trabajo mucho más rápido.

Eso es lo que realmente importa al final, ¿no? La capacidad de ser más eficiente en el trabajo de uno. Además, encontrará que los beneficios se extienden a su vida personal también. Tendrá mejores relaciones personales y una vida marcada con un mayor sentido de felicidad en general.

¡Comencemos, entonces, descubriendo las perlas de sabiduría que contiene este libro!

## Capítulo 1: La necesidad de meditaciones de 5 minutos

Como nos hemos referido brevemente en la introducción, el estrés crónico se ha convertido en un asesino importante en el lugar de trabajo. Comprendamos lo peligroso que es esta némesis silenciosa, en nuestro deseo de hacerte ver por qué la meditación es un requisito indispensable de una vida ocupada.

Hay diferentes maneras en que el estrés puede manifestarse en individuos que trabajan demasiado y sin piedad. Echemos un vistazo a estas manifestaciones basadas en las características que pueden exhibir:

**Emocional**

Una persona que está estresada parecerá estar anormalmente emocionaly deprimida en el trabajo. Tienden a sentirse cada vez más decepcionados de sí mismos cuando las cosas no salen bien, en lo que respecta a su trabajo, y son más sensibles y agresivos en general. A menudo son retirados y exhiben cambios de humor que son alarmantemente diferentes en su naturaleza. Tienen un sentido de motivación mucho menor y también menores niveles de confianza. El hecho de que se guardenen sí mismos no es porque sean solitarios, sino porque tienen un problema crónico subyacente que resulta en un tipo de comportamiento similar.

## Mental

En lo que se refiere al ámbito mental, las personas con estrés crónico son realmente las más indecisas y confusas. Tienen niveles de concentración mucho más bajos de lo normal y su memoria no está en su mejor estado.

## De comportamiento

También hay varios cambios de comportamiento, que exhibirá una persona que sufre de estrés crónico, como hábitos alimenticios erráticos y nerviosismo. Incluso pueden recurrir al consumo excesivo de tabaco o bebida para hacer frente al aumento de los niveles de estrés a los que se ven sometidos y, con toda probabilidad, llegar más tarde a la oficina y despegar antes de lo habitual, en su mayor parte.

Si se encuentra sufriendo la mayoría de los síntomas anteriores, probablemente necesite esas técnicas de meditación de 5 minutos que analizaremos más adelante en este libro. Aparte de estos signos muy obvios de que uno está demasiado estresado, hay efectos físicos del estrés que también podría manifestarse más adelante, y seguramente querrá evitar sucumbir a ellos. Echemos un vistazo a ellos para entender por qué necesitamos evitar el estrés a largo plazo.

Los efectos físicos del estrés a largo plazo

• Efectos sobre el sistema nervioso. Encontrarás que todo el estrés que se ha estado introduciendo lentamente en tu sistema te está haciendo mucho más daño de lo que nunca pensaste que sería. Es posible que se enfrente al peligro real de ser sometido a altos niveles de ansiedad si el estrés crónico al que se está sometiendo no se controla a tiempo.

Además, la ansiedad es un precursor de una condición de depresión muy perturbadora y cuando te encuentras plagado de todo esto, es posible que te resulte imposible levantarte de la cama e ir a trabajar, lo que a la inversa, deshará todo ese arduo trabajo puesto hacia la productividad en el trabajo.

•Problemas del corazón. Si se deja de lado el estrés, se está exponiendo a un mayor riesgo de enfermedad cardiovascular. Esto se debe principalmente a los alimentos con alto contenido de grasa y sal en los que las personas encuentran confort temporal, aparentemente contrarrestando los efectos negativos del estrés y la tensión. Si no tiene cuidado, con el tiempo podría aumentar considerablemente la probabilidad de un infarto; algo que nunca pensaste que tu ocupada vida profesional podría precipitar.

- Alta presiónsanguínea. Esto también se conoce como hipertensión. Cuando aumenta los niveles de estrés, su presión arterial se acelera y esto puede ser muy peligroso porque aumenta el riesgo de accidente cerebrovascular, insuficiencia cardíaca, insuficiencia renal y enfermedad cardíaca. El estrés a corto plazo aumentará la presión arterial de todos modos, pero se convierte en un problema real cuando se prolonga durante un período prolongado de tiempo; El estrés crónico puede causar hipertensión que debes evitar al tomar medidas en el ahora para frenarla.

- Susceptibilidad a las enfermedades. Usted está expuesto a una gran cantidad de enfermedades simplemente porque su sistema inmunológico está debilitado bajo la presión de una mente y un cuerpo sobrecargados. Además, estar estresado también ralentiza el proceso de recuperación de cualquier enfermedad que pueda sufrir.

Efectos a largo plazo del estrés en el trabajo y la vida familiar.

Además de los efectos en su salud, los efectos del estrés en su vida personal y profesional pueden ser peligrosos. Echemos un vistazo a los peligros que están involucrados.

- Eres propenso a estar "agotado". Lo último que quieres es estar agotado en el trabajo. Eso asegurará casi con certeza que tu productividad va para una "sacudida" proverbial. Además, cuando trabajas de forma tan maníaca, descubrirás que incluso cuando no estés agotado, tu productividad no se acercará a cuánto debería ser. Además, terminas despertando cada mañana pensando que es una "tarea" ir al trabajo todos los días.

Usted estará agotado para cuando termina el día y descubre que no tiene absolutamente ningún control sobre los eventos que puedan estar ocurriendo en su vida. Incluso puede encontrarse deseando que hubiera un clon suyo que pudiera compartir el trabajo con usted para que pudiera terminarse a tiempo. En general, parece que no disfrutas yendo al trabajo, y más bien lo haces de manera más mecánica ¡sin un resorte en sus pasos!

- Sus relaciones con sus amigos y familiares sufren. Como resultado de un exceso de trabajo, sus relaciones con sus seres queridos y cercanos inevitablemente sufren mucho. Ya no es un placer estar cerca y puede que incluso encuentre personas que se alejan de usted más que usted. Usted se vuelvemaniático e irritable y preferirá estar encerrado en su habitación en lugar de ir a fiestas donde todos están "felices", a diferencia de usted, por supuesto. Este tipo de desequilibrio entre el trabajo y la vida elimina en cualquier momento las pequeñas cosas importantes de la vida que importan, como asistir al juego de béisbol de su hijo o al concierto de ballet de su hija. Esto puede hacer que su temperamento sea más alto, lo que lleva a una ira interiorizada que también afectará su trabajo.

• Puede perder su trabajo o no obtener esa promoción. Estos niveles peligrosos de estrés pueden afectar negativamente su trabajo hasta el punto en que podría pasar por alto para esa promoción que ha estado buscando tan seriamente y quizás incluso podría terminar perdiendo su trabajo en el proceso. Esto puede dar un vuelco a su vida, y no solo será demasiado tarde para salvar la situación actual, sino que también puede agravar su condición mental. Cuando realmente, podría haberse mantenido bajo control hace mucho, mucho tiempo.

La necesidad de esas meditaciones "cortas"

A estas alturas, es probable que haya comprendido que existe una necesidad cada vez mayor de ahorrar cinco minutos para meditaciones del tipo "corto". ¡Veamos cuáles pueden ser los beneficios de entregarse a estas mini meditaciones!

- Son mucho más fáciles de hacer. Es un hecho que podrá realizar esas meditaciones de cinco minutos con un grado de eficacia mucho mayor que el de la clase más larga. La respuesta es bastante obvia: no es necesario tener el tipo de concentración que demandan los períodos más largos de meditación. Además como son cortos, incluso puede terminar haciéndolos varias veces al día para aumentar su efectividad.
- Beneficios físicos. Obtendrá todos los beneficios físicos que puede experimentar una meditación más prolongada, como una presión arterial óptima y un sistema inmunológico fortalecido, así como un aumento en los niveles generales de energía.

- Beneficios mentales. Los beneficios mentales de la meditación son realmente grandes. Encontrará una disminución dramática en los niveles de ansiedad y depresión y experimentará una mayor sensación de tranquilidad y claridad. Sus problemas empezarán a aparecer más pequeños y serás más feliz. Más razón, entonces, para comenzar con el empleo de esas meditaciones cortas que mejorarán drásticamente la calidad de vida que estaría liderando.

## Capítulo 2: El "qué" de las meditaciones de 5 minutos

Ahora que hemos visto los beneficios extraordinarios que podemos obtener de los descansos de meditación de cinco minutos, echemos un vistazo más detallado al mismo para comprender cuán fácil es incorporar el mismo en nuestras vidas diarias, en un intento por cambiarlos para mejor

**Los fundamentos de la meditación de cinco minutos**

Antes de adentrarnos en las diversas técnicas de meditación que podemos incorporar con éxito en nuestra vida cotidiana para hacer la diferencia que tanto necesitamos, echemos un vistazo a los conceptos básicos sobre lo mismo para que podamos entender cómo realizarlos. en su verdadero sentido!

**Respiración**

La respiración es el paso más fundamental en cualquier tipo de meditación y esto se aplica a las técnicas de meditación de cinco minutos que usted también estará en el proceso de practicar. Todo lo que tienes que hacer es encontrar un lugar tranquilo y cómodo para sentarte, donde puedas comenzar a practicar esta técnica simple y altamente efectiva que se usará en la meditación. Lo que debe recordar es mantener la espalda erguida o podría terminar adormecido o aturdido en el proceso.

Ahora que está en una posición cómoda, necesita concentrarse en la respiración que entra y sale por la nariz. Simplemente enfócate en la sensación de esta respiración sin intentar controlarla de ninguna manera. Notarás pensamientos que vienen a tu mente cuando lo hagas; Asegúrate de volver a prestar atención a tu respiración una vez más. Eso te hará darte cuenta de que la mente siempre estará dispuesta a vagar; Sin embargo, tiene las herramientas para devolverlo a un estado de no pensamiento.

**Atención plena**

Lo creas o no, pero realmente podrías estar "meditando" simplemente donde sea que estés, simplemente incorporando el sentido de la atención plena en tu vida. Entonces, ¿qué es exactamente la atención plena en primer lugar?

En su esencia más básica, la atención plena es un estado mental que se logra al enfocar la atención en el momento presente, mientras que al mismo tiempo acepta los sentimientos, pensamientos y sensaciones corporales. Es una de las herramientas más terapéuticas que podría usar, en lo que respecta al ámbito de la meditación.

Cuando uno incorpora un sentido de "atención plena" en sus vidas, se centran en el "momento presente" en lugar de permitir que sus mentes vaguen hacia el pasado o el futuro, como suele estar acostumbrado a hacer. También nos permite experimentar las cosas de la manera más imparcial. Por lo tanto, uno no ve ninguna experiencia como "buena" o "mala" cuando la experimenta, cuando uno tiene el hábito de practicar la atención plena. Al mismo tiempo, somos conscientes de si esta experiencia es "buena" o "mala"; simplemente no nos permitimos reaccionar a ella, promoviendo la quietud de la mente que es tan crucial para lograr el Zen interior.

La premisa de ser consciente es que debes ser "consciente a propósito" de las cosas que estás haciendo; por ejemplo, tiene que ir más allá de la vaga noción de que está comiendo algo, al proceso de saborear cada bocado que toma, notar la textura y el sabor de la comida que está masticando deliberadamente lentamente, en un intento de ser "consciente" . El proceso de "quedarse con tu experiencia" es el más efectivo, en lo que se refiere a aclarar la mente, liberándola de todas las distracciones innecesarias que constantemente la atraviesan.

**Enfoque**

La importancia del enfoque no se puede sobreestimar cuando se trata de meditar durante cinco minutos. Lo que hay que recordar aquí es que estarás haciendo estas meditaciones por no más de cinco minutos a la vez, y es por eso que existe una necesidad cada vez mayor de mantener un mayor sentido de enfoque cuando se trata de meditar con el mayor grado de eficacia posible.

Encontrará que hay muchas veces en las que será susceptible de distraerse cuando está en el proceso de mediación; La forma más fácil de asegurarse de permanecer tan concentrado como sea posible es eliminar las distracciones que se le presenten. Por ejemplo, si desea que su teléfono se ponga en silencio durante el período de cinco minutos, o si suena, cuando esté meditando durante un par de minutos, ¡habrá perdido cualquier progreso valioso que haya logrado en el camino!

**Cosas que hacer para comenzar con esas**

**meditaciones de cinco minutos.**
Entonces, ya está todo listo para comenzar a incorporar el poder de esas técnicas de meditación de cinco minutos que comenzaremos a discutir a partir del próximo capítulo, ¿verdad? Bueno, antes de hacerlo, es importante que entiendas que debes estar suficientemente preparado antes de dar el paso hacia la misma. ¡Echemos un vistazo a lo que se necesita para que esas meditaciones de cinco minutos sean un golpe!

• Tener una sala de meditación dedicada. Si va a estar meditando en su casa, realmente desearía tener una sala especial dedicada a la meditación. Esta sala hará que sea aún más fácil seguir esa rutina de meditación, ya que le recordará constantemente que medite de manera regular y le permitirá sentirse "calmado" cada vez que ingrese a la sala.

• Consigue las almohadas o cojines adecuados. Si va a meditar mientras está sentado, realmente necesita tener las almohadas o cojines adecuados que le aseguren que no sentirá la tensión de estar sentado, incluso si es solo por unos minutos. Realmente quieres estar en la posición más cómoda cuando medites, algo que servirá para mejorar enormemente la calidad de tu propia meditación.

- Consigue un buen incienso. Es posible que desee obtener un poco de incienso estelar para impulsar ese proceso de meditación. Pruebe algunos aromas antes de concentrarse en el que encontrará el mejor para sus necesidadesmeditativas. Es posible que desee considerar la lavanda, ya que puede ser un aroma muy suave que sin duda le ayudará en la meditación.
- Encuentra el tiempo. Muchas personas descubren que no terminan encontrando el tiempo necesario para su práctica meditativa, y si bien es posible que puedan presionar unos minutos de vez en cuando para meditar, en realidad no es suficiente porque necesitas hacerlo regularmente. Por lo tanto, debe asegurarse de establecer los intervalos de tiempo designados para cuando meditará

durante el transcurso del día; Si está meditando en su casa, puede ser lo primero en la mañana y lo último en la noche, mientras que si prefiere hacerlo en la oficina, entonces podría considerar hacerlo en su hora del almuerzo o tal vez durante ese receso, un tiempo que de otra forma habrías pasado charlando con tus compañeros de trabajo.

• Configuración del tono con la música adecuada. A algunas personas les resulta cada vez más difícil y bastante "insulsa" simplemente "sentarse" en el suelo y meditar, y puede ser una muy buena idea obtener la música suave y apacible que pueda tocar cuando esté meditando. Por supuesto, es posible que desee tener un buen reproductor de CD portátil que pueda llevar a donde quiera que vaya, para que pueda meditar en la oficina al ritmo de la música armoniosa que le guste.

• Imágenes tranquilas, velas y flores. Quieres hacer todas las otras pequeñas cosas que servirán para acentuar tu práctica meditativa. Si bien es posible que no desees encender velas perfumadas en tu lugar de trabajo, puedes colocar algunas imágenes pacíficas de cosas como las selvas tropicales o incluso la playa, en tu escritorio en la oficina para que puedas relajarte hasta el fondo mientras meditas. ¡Tener velas aromáticas se sumará al aroma del incienso y las flores harán lo mismo (además de ser visualmente encantadoras)!

# Capítulo 3: Las meditaciones de cinco minutos

En este capítulo, discutiremos todos los diversos tipos posibles de meditaciones de cinco minutos que puede probar. Tenga en cuenta que algunas de estas meditaciones de cinco minutos se pueden usar indistintamente y que no es necesario ser tan estricto para cumplirlas y mantenerlas en las categorías que aquí se han definido.

Dicen que el "pájaro madrugador atrapa al gusano". Es cierto que el tiempo de la mañana puede ser el momento más eficaz para meditar, simplemente porque la mente está en su estado más fresco en ese momento. Veamos algunas meditaciones de cinco minutos que podemos usar con éxito para comenzar el día y prepararnos para un estado mental más mejorado, que nos permita exhibir altos niveles de productividad en el lugar de trabajo.

**Una meditación de cinco minutos con la que puedes comenzar el día.**

**Paso uno:** Es importante que cuando medites en la mañana, tu mente esté fresca y no en absoluto aturdida. Es por eso que, antes de desayunar, necesita salpicar su cara con agua tibia para "despertarse" por completo. Luego haz un par de estiramientos y estás listo para meditar.

**Paso dos:** como se sugirió anteriormente, es posible que desee ingresar a esa sala que ha designado como su sala de meditación para obtener los mejores resultados posibles. Siéntese en un cojín en el suelo o incluso en una silla; Asegúrese de estar en la posición más cómoda en la que pueda sentarse por un período de cinco minutos.

**Paso tres:** Inhala y exhala natural y profundamente. Es posible que desee decir algo en silencio a sí mismo, como "Inhalando, soy consciente de la respiración que entra en mi cuerpo. Exhalando, soy consciente de la respiración que sale de mi cuerpo".

**Paso cuatro:** coloque su mano sobre su abdomen y sienta el ascenso y la caída natural de su abdomen mientras respira

**Paso cinco:** Para la tercera o cuarta respiración, encontrará que la profundización y el retraso de su respiración se harán notables. Poner su mano sobre su abdomen le dará una sensación de seguridad. Este es el momento en el que quizás desee decir internamente algo así como "Aspirando sonrío en el próximo día por que viene por delante, espirando sé que será un gran día".

Podrá hacer esto con facilidad cada mañana antes de ir a la oficina. Además, establecerá el tono para el resto del día e impulsará su productividad a un nivel sin paralelo durante el transcurso del día.

No necesitas confinar o limitar el proceso de meditación a la mañana solamente. De hecho, incluso puede disfrutar de lo mismo en la propia oficina, cuando descubra que puede tener unos minutos entre su trabajo. ¡Veamos Uno para la oficina!

**Una meditación de cinco minutos durante los descansos en la oficina.**
**Paso uno:** Use la misma silla en la que pasa el día en la oficina. Sí, ni siquiera necesita salir del lugar donde realizará la mayor parte de su trabajo para meditar.

**Paso Dos:** Cuenta tus respiraciones. Cierra los ojos y entra en el proceso de contar tus respiraciones en silencio. Recuerda que una ronda incluye una inhalación y una exhalación. Asegúrate de mantener la cuenta al final de cada exhalación.

**Paso tres:** observa tu respiración. Necesita usar una aplicación de tiempo o programar un temporizador para el tiempo de meditación que desee, en este caso cinco minutos, para no distraerse al pensar cuánto tiempo ha pasado durante el curso de su meditación. Todo lo que tiene que

hacer es contar esas respiraciones, como hemos discutido en el punto anterior.
Veamos otra meditación de cinco minutos que podemos usar con éxito durante la hora del almuerzo.

**Una meditación de cinco minutos durante el almuerzo en la oficina**
**Paso uno:** configura la alarma de tu teléfono por un período de cinco minutos y cierra los ojos con suavidad.

**Paso dos:** asegúrate de que tus pies estén en el piso y tu espalda erguida cuando te sientes en esa silla tuya. Apoye sus manos ligeramente sobre sus rodillas y asegúrese de que sus palmas estén hacia arriba.

**Paso tres:** Cierra los ojos y respira profundamente, inhalando por la nariz y profundamente en tus pulmones, hasta la cuenta de tres. Aguante la respiración durante tres turnos y luego suéltelo por la boca contando hasta tres, exhalando otra cuenta de tres veces.

**Paso cuatro:** asegúrate de continuar con este ejercicio, inhalando tres veces, aguantando tres veces y exhalando tres veces, mientras que al mismo tiempo aguantas la respiración durante tres segundos.

**Quinto paso**: cuando suene la alarma, respira profundamente tres veces por la nariz y luego por la boca. Luego abre tus ojos gradualmente.

Habrá ocasiones en las que tendrá que hacer una presentación importante y le beneficiaría enormemente si pudiera dedicarse a una buena meditación de cinco minutos que lo ayudará a centrar su mente y le permitirá hacer esa presentación lo mejor que pueda. Esto implica usar "música" para meditar, algo que servirá para calmar tu mente de una manera que nada más puede, al mismo tiempo, dejarte lo suficientemente entusiasmado como para hacer esa presentación tan importante. Echemos un vistazo a cómo podemos garantizar esta.

**Una meditación de cinco minutos antes de las presentaciones de la Junta**

**Paso uno:** conectar unos auriculares. Por supuesto, tener solo la música más suave seleccionada. No quieres algo como el hip-hop que te excite de una manera que te haga imposible meditar.

**Paso dos:** quieres configurar ese volumen de la música en el nivel adecuado; Asegúrate de no establecerlo demasiado alto o serás propenso a las distracciones. Al mismo tiempo, no desea establecer un nivel tan bajo que tenga que concentrarse realmente en la música que se está reproduciendo.

**Paso tres:** asegúrate de respirar tan naturalmente como puedas. Es posible que desee presionar ligeramente su lengua contra el techo de su boca mientras inhala profunda y lentamente a través de sus fosas nasales y exhala a través de sus labios que están ligeramente separados y no a través de sus fosas nasales.

**Paso cuatro:** Encontrarás que los pensamientos vienen a tu mente de vez en cuando. Asegúrese de volver a prestar atención a la música que se está reproduciendo en segundo plano. De hecho, si te concentras tanto en la música que estás tocando, te rindes por completo; tienes que asegurarte de que todas tus emociones se inviertan en esa música que se está reproduciendo y de que la disfrutes hasta el fondo.

**Paso cinco:** a medida que te permitas resonar con la maravillosa música que se está reproduciendo, verás que tu respiración y tu ritmo cardíaco se sincronizan gradualmente con el "pulso" de la música. Esto significa que ha alcanzado lo que se llama el "punto de arrastre". Tu estado de ánimo coincide con el de la música que se está reproduciendo y se está moviendo en la misma dirección, también.

Puede haber ocasiones en las que tenga

que lidiar con conflictos graves en el lugar de trabajo. En tales casos, es muy fácil dejarse llevar por sentimientos de frustración e ira, cosas que pueden ser impedimentos severos cuando se trata de hacer una tarea. Echemos un vistazo a una simple meditación de cinco minutos que puede ayudarnos a resolver ese conflicto interno.

## Una meditación de cinco minutos para enfrentar el conflicto en el lugar de trabajo

**Paso uno:** Cierra los ojos y deja que esos sentimientos de conflicto pasen por tu mente sin emitir ningún juicio sobre ellos.

**Paso dos:** llénate con un sentimiento de amabilidad y empatía, así como con un gran sentido de gratitud por las cosas que ya tienes. Concéntrese en su respiración mientras lo hace, siendo inquebrantable por los pensamientos de enojo o miedo que pasan dentro de su mente como resultado de ese conflicto no resuelto en su mente.

**Paso tres:** Deje que los sentimientos de amor y compasión fluyan dentro de usted y luego permita que se extiendan a los demás también, incluidas las personas con las que podría estar involucrado en un conflicto. Esto asegurará que no haga que la situación sea peor de lo que ya es, una vez que haya salido de ese estado meditativo. Esta meditación que se centra en el "sentimiento" asegurará que veas las cosas de una manera no crítica, permitiéndote tomar las decisiones más racionales.

Es muy importante que cuando regrese del trabajo, su mente esté completamente des estresada o de lo contrario llevará todo el equipaje emocional innecesario de su lugar de trabajo a su hogar y eso es algo que seguramente no desea porque entonces terminará destruyendo su paz interior e incluso la de la gente que vive en casa. Veamos una meditación de cinco minutos más efectiva que lo ayudará a relajarse después de esas horas de oficina, permitiéndole sentirse con energía para disfrutar el resto del día lo suficiente., en realidad es algo que puedes hacer de manera más efectiva porque todo lo que necesitas es bañarte en una ducha, ¡algo que seguramente harás cuando vuelvas a casa del trabajo en cualquier caso!

**Una meditación "consciente" de cinco minutos para desconectar después de las horas de trabajo**
**Paso Uno:** colóquese bajo la ducha. Observe el sonido del agua a medida que corre a lo largo de su cuerpo y la diferencia en el sonido cuando se aleja para enjabonarse con jabón, cuando el agua toca el piso.

**Paso dos:** Realmente, "sienta" el agua que corre por su cuerpo y preste mucha atención a los sentimientos de enjabonar su cuerpo con jabón y champú también. Cuando sienta todas estas sensaciones encantadoras, asegúrese de que sus ojos estén cerrados.

**Paso tres:**Imagine que todo el estrés se elimina a medida que el agua fluye a lo largo de su cuerpo, limpiándolo de toda la suciedad que pueda haberse acumulado durante las últimas horas. Piense en todas las cosas a las que se aferras: sus deseos y sus apegos. Piense que ellos también fueron limpiados y descubrirá que está completamente descargado de todas las cosas que le encadenan. Todo lo que está haciendo es concentrarse en el sonido del agua que corre a lo largo de los contornos de su cuerpo y el sonido que produce en el proceso de hacerlo.

**Paso cuatro:**Imagine que el agua que cae en cascada sobre usted es como "luz blanca pura".Asegúrese de creer que esta luz le protegerá lo suficiente y de que realmente no hay nada de que temer. Piensa en esta "luz blanca" te envuelve en una burbuja.

**Paso cinco:**Salga de la ducha y permítase "sentir" la sensación reconfortante de la toalla que se cepilla contra su piel cuando intenta secarla. Mire lo increíble que esto le hace sentir. Tenga en cuenta que esto es algo que se puede hacer incluso para otros fines (como antes de una reunión de la junta directiva, en caso de que tenga una ducha en la oficina, eso es). Puedes elegir la música si no le gusta ducharte en el lugar de trabajo; la bonificación está en ti, realmente averigüe qué funciona mejor para usted y luego asegúrese de seguirlo para obtener los mejores resultados posibles.

Es más importante ir al gimnasio con regularidad, pero es igualmente importante meditar antes de un ejercicio para obtener los máximos beneficios posibles. Veamos cómo podemos hacer lo mismo.

**Una meditación de cinco minutos de "Pre Gimnasio"**

**Paso uno:** Disfrutar de la respiración del vientre. Es preferible "recostarte" durante este tipo de meditación y exagerar el movimiento del vientre hacia adentro mientras inhalas. Del mismo modo cuando exhala, su vientre también debe moverse de una manera bastante dramática. Haga esto hasta que esté lo suficientemente relajado.

**Paso dos:** Visualice el cuerpo que desea y cómo se verá después de haberlo logrado en su totalidad. Esto servirá para calmar su mente debido a las imágenes positivas con las que se está inundando, y hará que sea más fácil para usted completar ese entrenamiento con una cucharada extra de dinamismo.

Una vez que termine su tiempo en el gimnasio y esté sentado a comer, tal vez desee pasar otros cinco minutos meditando antes de la misma. Aquí le damos un vistazo a una efectiva meditación de cinco minutos que puede realizarse antes de la cena.

**Una meditación de cinco minutos antes de la cena**
**Paso uno:** Cierre los ojos en la mesa de la cena y llénese de sentimientos de gratitud

por toda la comida que tiene en la mesa.

**Paso dos:** Después de que se haya llenado de sentimientos de gratitud, asegúrese de respirar profundamente varias veces antes de comenzar a comer. Simplemente enfóquese en su respiración y nada más. Simplemente observe la respiración a medida que entra y sale de su cuerpo, los pensamientos sobre la comida, entre otros pensamientos, cruzarán su mente pero asegúrese de que vuelva su atención a su respiración. Esto asegurará que esté mucho más "atento" cuando se trate del proceso de comer más adelante y por lo tanto usted estará bien y verdaderamente en el "momento", que es realmente lo que todas las prácticas meditativas se esfuerzan por lograr.

Al final, todos debemos ir a dormir y la calidad de nuestro sueño juega un papel importante en el resultado del día siguiente. De hecho, está bien documentado que las personas con mejor desempeño en el lugar de trabajo son aquellas que duermen bien por la noche regularmente. Una vez que use esta efectiva y simple meditación de cinco minutos que viene a continuación, descubrirá que la calidad de su sueño habrá aumentado sustancialmente con el tiempo y que estará preparado para enfrentar el día con un renovado sentido de fortaleza. Echemos un vistazo, entonces, al mismo.

**Una meditación de cinco minutos antes de dormir**

**Paso uno:** asegúrese de que todos sus dispositivos electrónicos estén apagados al menos una hora antes de irse a dormir. Esto se debe a que la "luz azul" de ellos solo sirve para mantener la mente despierta y eso no lo ayudará cuando vaya a realizar una meditación que realmente apunte a mejorar la calidad de su sueño.

**Paso dos:** Quiere disfrutar de la respiración abdominal pero no desea hacerlo acostado, como se sugirió en la meditación anterior que uno haría antes de ir al gimnasio. Asegúrese de sentarse en posición vertical en su cama mientras está meditando.

**Paso tres:** Coloque sus manos sobre su vientre y permita que se muevan suavemente a medida que su respiración entra y sale de su cuerpo. Esto le permite enfocarse en su cuerpo y por lo tanto, ayuda a calmar ese proceso de pensamiento que es responsable de que los pensamientos corran sin sentido a través de su mente todo el tiempo.

**Paso cuatro:** utilice el proceso de 'Imágenes guiadas'. Realmente desea calmarse lo más que pueda al final del día y la mejor manera de hacerlo es imaginando una escena pacífica como las montañas, las nubes o incluso el océano. Puede usar su imaginación para pensar en cualquier cosa que le esté invitando y usar todos sus sentidos para explorarla; el cerebro no siempre sabe la diferencia entre lo que es real y lo que no lo es y se encontrará escapando a lugares hermosos que le brindarán una sensación de calma y serenidad sin igual.

**Quinto paso:** déjalo ir. Una vez que haya completado el proceso de imágenes guiadas, escoja un tema en su vida que aparentemente esté sacando lo mejor de usted al dominar sus pensamientos, y simplemente "déjelo ir". De esa manera, no solo se asegurará de que duerma mejor durante la noche, sino que ese mismo "problema" también se reduce en el proceso. ¡Claramente, una situación en la que todos ganan, cuando se trata de emplear esta meditación de cinco minutos antes de dormir!

## Capítulo 4: Consideraciones importantes durante la meditación.

Es importante tener en cuenta que hay un par de consideraciones que deben ser analizadas con detenimiento para tratarlas. Echemos un vistazo a lo mismo para que entendamos cómo obtener los máximos beneficios posibles de nuestra nueva práctica meditativa.

## Cómo contrarrestar la deriva mientras medita

Es importante entender que cuando comienzas a meditar, estará propenso a muchos 'pensamientos vagos' de la mente y es esencial que aprenda a frenar los mismo, especialmente porque solo estarás meditando por un período de cinco minutos a la vez. Echemos un vistazo a cómo podemos hacer esto efectivamente.

• Si está meditando con los ojos cerrados, y puede darse cuenta de que se está quedando dormido, una de las razones es que no está durmiendo lo suficiente durante la noche. ¡Asegúrese de que lo hace!

- Siente la "tensión" de estar sentado. Eso es simplemente porque no está sentado en la posición más cómoda que debería ser. Necesita sentarse con su columna erguida pero en una posición natural. No haga "esfuerzo" para sentarse lo más erguido posible.
- Se deja llevar por la emoción. Es muy natural que los pensamientos perturbadores crucen la mente y esto puede hacer que se deje llevar por profundizar en esos pensamientos. Necesita permitir que los pensamientos pasen sin juzgarlos; esa es la mejor manera posible de garantizar que la mente permanezca en calma y que pueda regresar al aspecto más importante de la meditación, la respiración en sí misma.

**Seguimiento de su progreso durante la meditación**

Es común que se frustre fácilmente porque siente que el proceso de meditación no le está funcionando del todo como debería. Debes entender que los mejores beneficios posibles de la meditación se acumulan con el tiempo, pero hay ciertas cosas que indicarán que estás en el camino correcto. Aquí hay un vistazo a ellos.

- La calidad de su sueño mejorará. Se despertará mucho más enérgico y renovado que nunca.
- Con el tiempo se volverá más "tranquilo". Cuando vea que esto sucede, sabrá que el proceso de meditación está funcionando para usted.

Si no se da cuenta de estos dos signos más tangibles en el transcurso de un tiempo razonable, entonces su práctica meditativa podría no estar funcionando como debería. Recuerde que la meditación es una "práctica" y eso significa que podría estar haciendo mucho menos de lo que realmente debería estar haciendo. Por lo tanto, si lo hace durante cinco minutos dos veces al día, podría considerar aumentar la apuesta inicial y hacerlo cuatro veces al día en un intento de hacerlo bien. Asegúrese de que también lo da todo cuando lo haga. No se trata simplemente de sentarse y cerrar los ojos, ¡tiene que hacer un verdadero intento consciente de hacerlo lo mejor que pueda!

## Conclusión

En el transcurso de este libro, hemos visto lo crucial que es incorporar la meditación en nuestras vidas diarias para eliminar ese estrés crónico de nuestras vidas para siempre. Hemos visto diferentes tipos de técnicas de meditación que toman solo 5 minutos y comprendimos que realmente es mucho más adecuado para disfrutar de meditaciones de cinco minutos que de meditaciones más largas y elaboradas debido a la facilidad con la que se pueden realizar.

Hemos visto varias técnicas de meditación de cinco minutos que pueden realizarse en diferentes situaciones e incluso pueden usarse indistintamente para obtener el máximo beneficio con respecto a calmar la mente de manera efectiva.

Entonces, ¿qué está esperando? Prepárese para comenzar el proceso de transformar su vida completamente a través de las maravillas de la meditación, eligiendo prácticas simples de su elección.

Todo lo necesario es una cuestión de cinco minutos. ¡Ciertamente tienes mucho más que eso en tus manos!

# Parte 2

## Introducción

Quiero agradecerte y felicitarte por descargar el libro.

Este libro contiene pasos y estrategias comprobadas para mejorar tu vida a través de las maravillas de la meditación.

En el mundo moderno y acelerado de hoy, muchos de nosotros estamos consumidos por el estrés, la ansiedad y la preocupación. Parece que con la forma en que está estructurada nuestra sociedad actual, puede ser difícil evitar completamente este tipo de negatividad. El trabajo... los problemas familiares... el estrés diario... todas estas cosas pueden fácilmente agobiar a una persona. Desafortunadamente, la energía negativa tiene muchos efectos negativos en nuestras vidas. Nos puede drenar y hacer nuestras vidas miserables. ¿Cómo puedes esperar disfrutar si llevas todo este equipaje emocional negativo?

La buena noticia es que no tienes que vivir con estas cosas.

La meditación es una de las claves que

puede ayudar a una persona a vivir una vida mejor y más feliz. Con la meditación, una persona puede enfocar su energía para que los problemas diarios puedan ser tratados de unamejor manera.

¿Alguna vez te has preguntado cómo te iría con la experiencia meditativa? Este libro te ayudará a comprender los conceptos básicos de la meditación para que puedas lidiar con el estrés de la vida diaria de una manera mucho mejor.

Gracias de nuevo por descargar este libro, ¡espero que lo disfrutes!

## Capítulo 1: Los Fundamentos de la Meditación

Las raíces de la meditación se remontan en el tiempo. Algunos investigadores especulan que las comunidades de cazadores y recolectores descubrieron la meditación mientras observaban las llamas del fuego porque les daba un estado alerta de conciencia. Con el tiempo, la meditación se desarrolló para ser una práctica más estructurada con influencias de diversas culturas y creencias. Quizás la práctica más influyente es la descubierta por los indios hace unos cinco mil años, los tantras.

La mayoría de las religiones y culturas tienen alguna versión de meditación. Aunque sus respectivos enfoques pueden variar, la meditación es generalmente aceptada como un elemento esencial del crecimiento y desarrollo espiritual. Se sabe que está particularmente conectado a la rama mística de la mayoría de las creencias espirituales. Por ejemplo, hay Kabala en el judaísmo, que es el campo de estudio meditativo. También hay meditación contemplativa en el Islam a través del Corán. El budismo ha eliminado una serie de variaciones, entre ellas el zen y el tibetano. La meditación es aceptada y estimulada en la mayoría de los sistemas religiosos.

De hecho, incluso fuera de la estructura de una creencia religiosa específica, la meditación todavía se fomenta. Una persona no necesita seguir una religión específica para disfrutar de los beneficios de la meditación. Se trata de ponerse en contacto con el yo interno y la espiritualidad. Se puede hacer a través de la contemplación tranquila, el movimiento activo o la autoexpresión a través de las artes. Es útil para combatir el estrés, los desafíos y los problemas que a menudo conlleva vivir en el mundo moderno de hoy.

En lugar de pensar en la meditación como algo religioso, debe verse como algo beneficioso para la mente, el cuerpo y el espíritu. Ayuda a las personas a lograr el equilibrio en varios aspectos de sus vidas.

Se ha utilizado para tratar la depresión y la ansiedad. Debido a que la meditación permite que una persona reflexione sobre su vida, brinda una contribución muy valiosa para el desarrollo general de uno mismo. Permite a las personas pensar más claramente y tomar mejores decisiones.

La meditación da la bienvenida a personas de todos los ámbitos de la vida, independientemente de los antecedentes y las creencias espirituales. Es especialmente útil para las personas que están estresadas y cansadas debido a la forma de vida moderna y acelerada. No importa cuál sea su edad, ¡puede adquirir el hábito de la meditación! Nunca es demasiado tarde para cosechar los beneficios.

### *¿Por qué deberías aprender a meditar?*

Si no ha dominado el arte de controlar su propia mente, es muy probable que haya sido esclavo de sus propios pensamientos. Puede ser estresante y agotador vivir una vida en la que no ha dominado el control sobre su propia facultad mental. Puede llevar a una persona a vivir una vida sin un objetivo.

La meditación te dará el poder de controlar tu mente. En efecto, podrás controlar fácilmente tu propia vida. No sentirás que no tienes dirección. Puedes encontrar un significado a través de tus propios reflejos. En general, tendrás mejores relaciones, una mejor autoestima y una mejor visión de ti mismo.

En general, todos estamos involucrados en lo que está sucediendo en nuestras propias vidas. Nuestros pensamientos y emociones a menudo son fácilmente afectados por circunstancias y situaciones externas. Cuando las cosas no salen como queremos, a menudo nos sentimos estresados o preocupados. Esto nos impide encontrar la calma y la paz en la forma en que vivimos.

La meditación puede ayudar a una persona a encontrar una luz positiva en medio del caos y las dificultades. Puede hacer que una persona sienta que tiene el control de su vida. Imagina cuánto mejor te sentirás si puedes superar una situación oscura sin permitir que afecte tu estado de ánimo. Serías mucho más productivo. Más importante aún, sería mucho más fácil para ti encontrar la paz interior.

Al principio, puede parecer impensable aprender a aceptar los giros y las vueltas de la vida. ¿Cómo puede una persona mantener la calma ante la tragedia? ¡La meditación puede ayudarte! Te dará la posibilidad de encontrar la paz en medio de cualquier caos que esté sucediendo en tu vida. Podrás lidiar con las dificultades de la vida de una mejor manera.

Debes ignorar la idea de que la meditación está asociada con cierta creencia religiosa. Está abierta a todos aquellos que quieran tomar el control de sus vidas una vez más. Te liberará de las ataduras de la preocupación y la ansiedad. Puede ayudarte a deshacerse de las molestias mentales y emocionales y reemplazar estas emociones no deseadas con calma y paz.

## *¿Cuáles son los beneficios de la meditación?*

¿Realmente vale la pena "perder" el tiempo sentado y pensando en tu vida?

Muchos afirman que la meditación realmente cambió sus vidas, y en realidad hay pruebas científicas de que esto es cierto. Las técnicas simples de meditación y relajación pueden ponerlo en una mejor condición mental, física y espiritual. Incluso se ha demostrado que ayuda a una persona a adquirir un mejor sistema inmunológico y un cuerpo más fuerte en general. A largo plazo, la meditación regular puede ayudarlo a sentirse como una persona mejor por dentro y por fuera.

Uno de los mayores beneficios de la meditación es permitir que una persona responda ante el estrés de una manera mucho mejor. Esto es muy útil para las personas que se están cansando del estilo de vida acelerado del mundo moderno. La meditación ayuda a una persona a lidiar con el estrés de dos maneras específicas: 1. Ayuda a liberar el estrés acumulado y 2. Ayuda a evitar que el estrés no deseado ingrese al cuerpo. Ya que la meditación puede enseñarte cómo hacerte cargo de tu vida, encontrarás más fácil mantener la calma en paz, sin importar lo que suceda a tu alrededor. No se verá afectado por las causas cotidianas de estrés como el tráfico o un jefe exigente. De esa manera, podrás vivir tu vida de forma más armoniosa.

También hay muchos cambios físicos que el cuerpo puede experimentar debido a la meditación. Cuando meditas, cada célula de tu cuerpo se refresca y vuelve a energizar. Esto resulta en una mejora asombrosa en la salud general de una persona. Cuando una persona medita, puede ayudar a disminuir la presión arterial, fortalecer el sistema inmunológico y aumentar la producción de serotonina. En general, una persona que medita sale más enérgica y saludable debido a todos los efectos positivos de la práctica.

También hay beneficios mentales de la meditación. Dado que todas las vibraciones negativas están bloqueadas, el cerebro está a menudo en un estado fresco y lleno de energía. Esto permite que una persona vea el mundo de una manera más positiva. Permite a una persona disfrutar más de la vida. Como persona relajada, puede ser más creativo, intuitivo y amable. Tu espíritu interior se sentirá vivo y energizado. Tendrás una mejor relación contigo mismo. En efecto, tendrá una mente más aguda que está libre de negatividad como ira, preocupación, estrés y ansiedad.

La transformación personal provocada por la meditación traerá muchos cambios en tu vida. A medida que te comprendas mejor, te será más fácil estar en paz con tu propio pasado. Podrás enfrentar el presente con coraje. Tus preocupaciones y ansiedades sobre el futuro desaparecerán fácilmente.

### ¿Cómo puedes empezar con la meditación?

Hay muchos caminos diferentes para ayudarte a entender realmente la experiencia meditativa. Quizás la parte más difícil del viaje es el comienzo. La transición de su mentalidad actual a una mentalidad meditativa puede ser difícil. Sin embargo, con dedicación y perseverancia, es posible hacer que la meditación sea parte de su rutina diaria.

Un error común de quienes recién comienzan es asumir que el cambio se producirá en un instante. Sus expectativas son tan altas al principio, por lo que se vuelve muy decepcionante para ellos cuando no sienten los beneficios de inmediato. Mantén tus expectativas niveladas, especialmente si estás empezando. Cuanto más avances, más te darás cuenta de que la meditación nunca se trata de la rapidez con la que consigues los resultados que deseas.

Puedes comenzar a ponerte en contacto con tu lado meditativo volviéndote más consciente de ti mismo. Pasa tiempo reflexionando sobre tu propia vida, tus sueños, tus acciones y tus decisiones. A medida que te vuelves más consciente de ti mismo, trata de rechazar conscientemente los pensamientos y distracciones negativas. Puedes hacerlo de manera más efectiva si te enfocas en las cosas positivas que suceden en tu vida. La única forma en que puedes dejar de lado tus propios sentimientos negativos es reemplazándolos activamente por emociones que realmente se sienten bien. Controla tus propios pensamientos y sentimientos para que solo resaltes lo positivo.

Intenta hacer de la meditación una rutina. Al igual que cualquier otro hábito o práctica, debe ser nutrido constantemente para que puedas obtener los beneficios y sentir la diferencia. Prométete a cometer unos minutos antes de dormir o al levantarte. Al principio, puede parecer una tarea para entrar en meditación. Incluso se podría pensar que es una pérdida de tiempo. Sin embargo, las cosas cambiarán una vez que empieces a sentir la diferencia. A medida que pase el tiempo, te darás cuenta de que realmente necesitas algunos momentos de meditación para completar tu día.

También es bueno encontrar una comunidad de personas que puedan ayudarte y guiarte en tus prácticas de meditación. Puede ser inspirador conocer a personas que han hecho de la meditación una parte tan importante de sus vidas. Cuando veas tu dedicación a sus respectivos viajes, podrías encontrarte más comprometido con su propia práctica. Será más fácil para ti si tienes personas con quienes hablar y personas a quienes preguntar. Con el apoyo de una comunidad detrás de ti, tu viaje de mediación puede ser mucho más significativo.

Si crees que necesitas más orientación para mejorar realmente, es posible que desees consultar a un experto que pueda guiarte personalmente para asegurarte de que estás en el camino correcto. Cuando practicas solo, es posible que tengas numerosas preguntas sin respuesta. Es posible que necesites ayuda para mejorar la forma en que haces las cosas. Un experto está en la mejor posición para ayudarte.

## *¿Hay diferentes tipos de meditación?*

La meditación concentrativa es quizás el tipo de meditación más popular. Este tipo de meditación permite a una persona concentrarse en la respiración, la quietud y el vaciar la mente. Cuando piensas en meditación, esto es probablemente lo que te viene a la mente. Con enfoque y concentración, la mente se fortalece y el cuerpo se energiza.

Sin embargo, ten en cuenta que también hay otras formas de meditación. No siempre tiene que ser sobre la quietud y la concentración.

La meditación del movimiento es la meditación a través del cuerpo y sus acciones. Este tipo de meditación consiste en tratar de mejorar tu relación con tu cuerpo a través de movimientos gráciles. También te concentras mientras meditas, pero puedes canalizar esa concentración y transformarla en energía que permitirá que tu cuerpo se mueva. Quizás la forma más popular de meditación de movimiento es el yoga.

El último tipo de meditación es la

meditación expresiva. Esto generalmente se puede ver en varias formas de arte como la pintura o la música. Este tipo de meditación te permitirá ponerte en contacto con tu lado creativo. Funciona mejor si quieres crear algo positivo a partir de experiencias y emociones negativas. Se trata de procesar tus sentimientos para que las cosas malas no se embotellen por dentro.

## Capítulo 2: Los fundamentos de la meditación concentrativa

La meditación concentrativa consiste en comprender el poder de la mente humana. Se trata de tomar control de ese poder y usarlo para encontrar el enfoque y el equilibrio. La mayoría de los que viven en el mundo de hoy experimentan el caos de la sobrecarga de información. Hay tantas cosas que hacer. Hay tantas ideas flotando alrededor de tu cabeza. ¿Tu mente alguna vez toma un descanso?

Es difícil no pensar en nada hoy en día. Las mentes están constantemente trabajando. Un pensamiento lleva a otro, y la necesidad parece detenerse... a menos que hagas un esfuerzo consciente para dejar de pensar por un tiempo. En cierto sentido, la meditación concentrativa es como un botón de pausa que le permite a tu mente relajarse y recargarse en medio de todo. Después de meditar, encontrarás más fácil reunir tus pensamientos, organizar tus ideas y valorar lo que es verdaderamente importante.

¿Cómo empiezas con dejar que tu mente se relaje? ¿Es realmente posible pensar en nada? Aquí hay algunas cosas que debes probar si quieres entrar en la meditación concentrativa. Cualquier tipo de meditación tiene una gran importancia en la conexión de la mente y el cuerpo. Esto también es cierto con la meditación concentrativa. Debes prestar más atención a cómo se mueve tu cuerpo para mejorar realmente el estado de su mente.

**La meditación concentrativa y el cuerpo.**

En general, la meditación pone énfasis en el vínculo entre la mente y el cuerpo. Los pensamientos saludables a menudo están relacionados con un cuerpo sano. Esto se traduce en el bienestar general. En la mediación concentrativa, el cuerpo es un instrumento importante que nos ayudará a alcanzar el estado meditativo. En cierto sentido, una persona necesita saber cómo controlar su cuerpo para poder meditar de la manera correcta.

Mientras que todo el cuerpo está involucrado en el proceso meditativo, la postura de una persona, la respiración y el enfoque de los ojos son los elementos más básicos de la meditación concentrativa. Cuando obtienes estas tres cosas correctamente, hay una buena probabilidad de que puedas meditar más fácilmente.

La postura es importante porque tus órganos y otras partes del cuerpo deben estar alineados cuando meditas. Cuando tu cuerpo funcione de manera eficiente, te será más fácil concentrarte en tus prácticas de meditación. La postura correcta también está directamente relacionada con la respiración. Con la postura correcta, podrás respirar de manera más eficiente.

La respiración es otro elemento importante de la meditación. Ya que es una función corporal automática, rara vez pensamos en la forma en que respiramos. Mientras el aire pueda entrar y salir de nuestros pulmones, la mayoría de nosotros estamos perfectamente felices. Desafortunadamente, la técnica de respiración incorrecta puede llevar a muchos problemas. Te sorprenderá la cantidad de cosas que se pueden corregir simplemente ajustando la forma en que respiras.

Cuando medites, debes tratar de ser más consciente de tus propios patrones de respiración. Respira naturalmente, pero trata de hacerlo más profundo y más largo. Concéntrate en lo que estás haciendo y en cómo respiras. Esto te permitirá concentrarte en lo que está sucediendo en tu práctica meditativa. Una técnica más que te permitirá apagar las distracciones es contar las respiraciones. A medida que practiques tus ejercicios de respiración con más frecuencia, comprenderás el patrón de lo que es más eficiente y relajante para ti.

La vista es también un factor importante en la meditación. Es muy influyente para dirigir nuestros pensamientos, por lo que es mejor si también puedes controlar lo que ves. No cierres los ojos porque abres las puertas a tu imaginación. Se vuelve aún más concentrado que con los ojos cerrados porque probablemente tu mente se deja vagar. Podrías terminar pensando en las cosas que necesitas hacer durante el día o la pila de platos en el fregadero que están pidiendo ser lavados. Podrías terminar aún más distraído.

Es imprudente mantener tus ojos vagando también. Estás obligado a ver algo que distraiga tu mente y enfoque. Lo mejor que puedes hacer es bajar tu mirada y enfocarte en algo irrelevante como un círculo blanco o una llama de una vela. Se necesita un poco de esfuerzo para mantener tu enfoque, así que asegúrate de que tu mente no se aleje

### *Tus pensamientos y emociones*

Aunque pensar y sentir son probablemente inevitables en la vida diaria de todos los seres humanos, puede ser muy agotador pensar y sentir todo el tiempo. Puede agotar tu energía y hacer que sientas que toda tu vida está siendo arrebatada. ¿Cómo puedes esperar llegar a ser mejor si hay una dispersión de pensamientos y emociones siempre en tu mente?

Un beneficio de la meditación es que le

permite a una persona apagar sus emociones por un tiempo. Es como que una persona se pueda recargar para enfrentar mejor al mundo.

Cuando medites, trata de permanecer en el presente e ignora lo que piensas o sientes. Solo concéntrate en tu respiración y no pienses en nada más. En lugar de centrarte en una emoción intensa específica, ya sea buena o mala, intenta vaciar tu corazón y tu mente. Esto es practicar el control sobre lo que entra en tu mente. Cuando medites, trata de imaginar que todos los pensamientos y emociones no son deseados. Apágalos si puedes. Cuanto más te centres en el presente, más fácil te será mantener alejados tus pensamientos y emociones no deseados. Enfócate en tu cuerpo. Concéntrate en tu respiración. Si te encuentras demasiado distraído, tal vez sería mejor establecer otro momento para la meditación cuando estés más relajado. A medida que practiques tu meditación más a menudo, te darás cuenta de que las cosas se volverán más fáciles y mejores con el tiempo.

## *Ambiente de meditación*

Es importante crear un entorno de meditación ideal si deseas que la experiencia sea más conveniente y fructífera. Será mucho más fácil mantener tu enfoque y concentración si tienes el entorno adecuado para tu práctica.

Es mejor elegir un espacio en tu hogar que puedas dedicar a la meditación. Puede ser como tu rincón de meditación. Esto es mejor que elegir un espacio aleatorio en tu hogar cada mañana porque puedes condicionar tu cuerpo para que asocie este espacio de meditación a tu práctica. Dedicado al espacio para tu rutina de meditación. Mantén alejados los materiales que distraen. EsoSerá mejor si puedes meditar frente a una pared blanca con buena iluminación y ventilación para que la logística no sea un problema para ti. Cuando vayas a meditar, lo mejor es mantener sólo lo básico. Evita cualquier cosa lujosa y costosa. Mientras las cosas sean simples, mejor será tu práctica.

Por ejemplo, hay muchos tipos diferentes de música de meditación que se usan popularmente hoy en día. Mientras que escuchar música puede ser una buena práctica cuando recién comienza, más tarde te darás cuenta de que no es tan bueno como parece. La música simplemente enmascara todas las cosas que estás pensando y viendo. En lugar de enfocarte realmente en lo que debería ser la meditación, terminas perdiéndote en la armonía de lo que estás escuchando. En efecto, tu cerebro todavía está funcionando, por lo que es posible que no se sienta tan renovado. Lo mejor es intentar meditar en silencio. El silencio puede parecer intimidante al principio. Sin embargo, una vez que te acostumbres a ello, te darás cuenta de que es muy útil para mantenerte fuera del enfoque y la concentración. Además, podrás alcanzar realmente el objetivo de la meditación: energizar tu corazón, mente y alma.

Diez minutos de estar quieto y no hacer nada puede parecer una pérdida de tiempo. De hecho, puede ser difícil evitar que tus pensamientos vaguen por diez minutos enteros. Sin embargo, una vez que entres en la meditación, te darás cuenta de que diez minutos podrían no ser suficientes para revitalizarte.

Cuando recién comienzas, medita por un corto período de tiempo. No intentes sentarte a través de meditaciones de una hora porque tu mente podría no tener el poder para ese nivel de concentración todavía. Tomar las cosas de forma lenta pero segura. Aumenta gradualmente la cantidad de tiempo que pasas en tu práctica de meditación a medida que te sientas más cómodo. A medida que la meditación se vuelve más importante en tu vida, podrás extender más fácilmente la duración de tu práctica. No apresures las cosas.

A medida que medites más y más, será más fácil para usted descubrir qué tipo de entorno se adapta mejor a tu práctica. No tengas miedo de explorar hasta que encuentres algo con lo que te sientas completamente cómodo.

## Capítulo 3: Otros tipos de meditación

En el mundo moderno, nuestra idea de la meditación es sentarse en posición de loto con los ojos cerrados y la música Zen sonando de fondo. La mayoría de nosotros pensamos que la práctica meditativa es solo para practicantes dedicados de la Nueva Era que pasan años y años de compromiso con este tipo de estilo de vida. Sin embargo, nada puede estar más lejos de la verdad. Primero, hay otras formas en que una persona puede meditar. La meditación concentrativa no es la única opción disponible. En segundo lugar, tenga en cuenta que absolutamente cualquiera puede intentar entrar en esta práctica. Cualquiera puede obtener los beneficios de dedicar unos minutos de práctica meditativa regular.

Si bien la meditación concentrada es probablemente el tipo de meditación más popular que existe, hay otras formas de meditación que pueden adaptarse a tu personalidad y preferencias. Si no eres del tipo que se queda quieto y encuentra energía en la calma, entonces tal vez puedas probar estas otras formas de meditación para ayudarte a enfrentar el estilo de vida acelerado de la vida moderna. Los otros tipos de meditación que puedes explorar son la meditación a través del movimiento y la meditación a través de la expresión.

Aquí hay una mirada completa a las otras maneras en que puedes explorar la meditación.

### *Meditación a través del movimiento.*

Hay personas que encuentran consuelo y calma cuando hacen ejercicio o se mueven. Para algunas personas, correr o bailar puede ser muy energizante. Si no estás acostumbrado a este tipo de actividades, puede ser difícil entender cómo pueden ser formas de meditación. Sin embargo, si eres del tipo que tiene dificultades para mantenerte quieto, entonces este tipo de meditación podría ser perfecto para ti.

En la meditación de movimientos, encontrarás paz al comprometer a todo tu cuerpo en movimientos repetitivos. Es muy relajante porque en lugar de asustarte o preocuparte cada vez que te sientas ansioso, puedes canalizar tu energía hacia tu cuerpo y el movimiento que estás haciendo. Es como si el enfoque que estás poniendo en el movimiento estuviera bloqueando pensamientos y emociones que puedan distraerte de tu estado meditativo.

Muchos entusiastas del ejercicio se sienten así con respecto a su deporte o actividad de elección. Los corredores dicen que sienten que correr despeja su cabeza. Les permite olvidar sus pensamientos y sentimientos y simplemente concentrarse en poner un pie delante del otro. Algunos bailarines dicen lo mismo sobre bailar también.

Quizás las mejores formas de movimiento meditativo son el yoga y las artes marciales. En estas dos actividades, la conexión entre la mente y el cuerpo es muy clara. Por ejemplo, en yoga, toda la energía del practicante se enfoca en lograr y mantener una postura en diferentes períodos de tiempo. En las artes marciales, se enfatiza la disciplina de seguir la práctica para ver la mejora en la forma en que una persona se mueve. En ambos casos, el énfasis es unfoco mejorado para permitir que el cuerpo se mueva mejor. Además, ambas prácticas hacen hincapié en el compromiso a largo plazo para ver los resultados.

Si no te interesan demasiado las actividades físicas, no debes preocuparte. No es necesario que te comprometas con algo extenuante para entrar en la meditación de movimientos.

Existe una buena posibilidad de que ya estés relajado haciendo un movimiento corporal simple repetitivamente. Puede ser tan simple como caminar o mecerse en un lugar seguro. Si ya haces estas cosas, lo único que tienes que hacer es ser más consciente de ti mismo. Debes tratar de ser más consciente de lo que estás haciendo para entrar en un estado meditativo mientras te mueves. Incluso si te mueves repetidamente, no se considerará meditación si estás distraído o si tu mente se desvía constantemente a medida que te mueves.

### *Meditación a través de la autoexpresión.*

Muchos de nosotros estamos estresados o ansiosos porque muchas de nuestras emociones y ansiedades negativas están reprimidas. Una forma de sentirse más relajado es liberarlos a través de la autoexpresión y las artes. Por lo general, implica perderse en el proceso de creación creativa. Una persona que utiliza la meditación expresiva podrá concentrarse fácilmente en liberar sus emociones mientras completa una tarea específica.

No tengas la impresión de que necesitas ser un artista de algún tipo para obtener los beneficios de este tipo de meditación. Se trata de aprender a expresarte creando algo. Además, no se trata de competir con lo que otros crean o cómo ganar dinero con tu creación. El punto de la meditación creativa es realmente solo meditación.

Esto es bueno para las personas que tienen mucho equipaje emocional pero necesitan una forma de liberación que no sea hablar. La belleza de este tipo de meditación es que le permite a una persona tomar algo negativo y llegar a algo positivo y hermoso. Se evita una cadena de reacción negativa. Dado que la energía negativa se transforma en algo bueno, una persona puede sentirse mucho más relajada.

La persona que crea a través de la meditación también se transforma en alguien empoderado. Él o ella ya no necesita sentirse como un esclavo de emociones o una víctima de acciones negativas. A través de la meditación expresiva, él o ella se convierte en un creador poderoso que tiene la capacidad de enfocar y transformar la negatividad en algo bueno.

La meditación a través de la autoexpresión es como una forma de liberación. Una vez que los pensamientos y emociones negativos son expulsados del cuerpo, la persona se vuelve más relajada y en control de su vida.

## Conclusión

¡Gracias de nuevo por descargar este libro! Espero que este libro haya podido ayudarte a comprender y apreciar el valor de la meditación en nuestras vidas.

El siguiente paso es salir y comenzar a encontrar una práctica de meditación que se adapte a tu personalidad y preferencias. Cuando recién comienza, puede ser difícil encontrar el tipo de meditación que realmente le conviene. Sin embargo, una vez que la meditación se convierta en una parte central de tu vida, te resultará imposible imaginar una vida sin ella.

No tengas miedo de explorar. No tengas miedo de comprometerte. Una vez que tu práctica de meditación se vuelva más regular, seguramente cosecharás sus beneficios de la práctica. Te encontrarás viviendo una vida en armonía con el resto del mundo.

**¡Gracias y buena suerte!**

www.ingramcontent.com/pod-product-compliance
Lightning Source LLC
Chambersburg PA
CBHW071911070526
44583CB00016B/1943